안녕! 내 이름은 **플라테오사우루스** 라고 해 초식 공룡이야.

난 **플레시오사우루스**. 육식 공룡이야.

타임머신을 타고 떠나는 공룡 시대

와!
공룡이다

펴낸곳 한국아이방 | 펴낸이 김성호

출판등록 제2009-37호

주소 서울특별시 강동구 명일동 336-12 K.N.P 603호

전화 02) 470-3001 | 팩스 02) 476-5878

고객문의 및 A/S 서울특별시 강동구 천호동 410-100

1층 17호

전화 080-940-0909

홈페이지 http://www.ibang.kr

편집 정소연 | 디자인 현춘수

인쇄·제본 영림인쇄

《와! 공룡이다》 판권 표기
본 도서는 Ck 에이젠시를 통하여 미야자키 카로우와의 저작권 계약에 의하여 한국 아이방에서 독점 출판하였습니다.
본사의 동의 없이 내용의 일부 또는 전부에 대한 무단 전재 및 복제를 금합니다. 잘못 만들어진 책은 교환하여 드립니다.

주의 : 본 교재를 던지거나 떨어뜨리면 다칠 우려가 있으니 주의하십시오.
고온 다습한 장소나 직사광선이 닿는 장소에는 보관을 피해 주십시오.

와! 공룡이다

글·그림 | 미야자키 카로우

납작한 도마뱀
플라테오사우루스

- **이름** : 플라테오사우루스 Plateosaurus
- **학명** : 납작한 도마뱀
- **시대** : 트라이아스 후기
- **지역** : 아프리카, 유럽
- **식성** : 초식
- **크기** : 몸길이 약 6~10m
- **체중** : 약 200~400kg
- **분류** : 용반목 원시용각류 플라테오사우루스 과

공룡의 이름은 대부분 그 생김새를 보고 지어졌어요.
플라테오사우루스는 '납작한 도마뱀'이라는 뜻이에요.
이빨이 납작한 주걱처럼 생겨서 이런 이름이 붙었지요.

이빨

입 안 앞쪽과 뒤의 끝 부분에 납작한 주걱 모양의 이빨이 나 있어 단단한 식물을 먹기에 적합하다.

앞발

발가락은 5개이고 앞발은 먹이를 잡거나 방어하는 데 사용했다.

플라테오사우루스는 코끼리보다 훨씬 덩치가 컸어요.
키가 10미터나 되었고, 몸무게도 300킬로그램이 넘었어요.
그렇지만 길고 유연한 목을 세우고, 쿵쿵 잘도 걸어 다녔답니다.

꼬리
걸어 다닐 때에는 주로 꼬리를 땅에 끌고 다니는데 꼬리를 추켜 세울 때에는 몸의 균형을 유지하기 위해서이다.

뒷다리
뒷다리는 튼튼하고 잘 발달되어 있다.

초식 공룡은 덩치가 큰 만큼 엄청난 양의 풀과 나뭇잎을 먹었어요.
그래서 먹이가 다 떨어지면 새로운 먹이를 찾아 돌아다녔답니다.
플라테오사우루스는 무리를 지어 유럽과 아프리카에서 살았던 공룡이에요.

물속에 사는 공룡
플레시오사우루스

- **이름** : 플레시오사우루스 Plesiosaurus
- **학명** : 도마뱀과 유사한 놈
- **시대** : 쥐라기 전기
- **지역** : 유럽
- **식성** : 육식
- **크기** : 몸길이 약 3~5m
- **체중** : 약 200kg
- **분류** : 바다 파충류, 수장룡

물속에서 사는 공룡도 있어요.
이름은 플레시오사우루스, '뱀 목이 붙은 거북이'라고도 불러요.
물속에 살던 최초의 공룡으로, 뱀처럼 가늘고 긴 목에 거북처럼 생긴 몸통을 하고 있었지요.

콧구멍

안 콧구멍은 바깥 콧구멍보다 조금 앞에 있고, 수영을 하면 입 안으로 물이 들어갔다 코로 나오는데, 이때 냄새를 맡을 수 있었을 것으로 추측된다.

이빨

날카로운 이빨로 암모나이트나 물고기 등을 잡아먹었는데, 입을 다물면 이빨은 겹겹이 된다.

목

목은 길고 유연해서 S자 모양으로 구부릴 수 있어 물고기들도 쉽게 잡을 수 있었다.

플레시오사우루스는 커다란 도마뱀을 닮았다고도 해요.
날카로운 이빨로 물고기들을 쉽게 잡아먹고,
다리가 변한 두 쌍의 큰 지느러미가 몸통에 붙어 있어서
물속을 자유롭게 헤엄쳐 다녔어요.

지느러미

잘 발달된 노 모양의 다리 지느러미로 물속을 자유롭게 다닐 수 있었다.

플레시오사우루스는 쥐라기 때 바다의 왕이었지요.
턱은 길고, 코는 턱에서 멀리 떨어진 눈 주변에 있었답니다.
몸길이는 4미터 정도이고, 몸무게는 200킬로그램이나 되었어요.
유럽과 남아메리카에서 이들의 화석이 발견됐어요.

아기 공룡은 바깥 세상이 궁금해서 동굴 밖으로 나갔어요.

그런데 육식 공룡이 아기 공룡을 몰래 뒤따르며 노려보고 있었어요.

아기 공룡은 물속에서 놀고 있는 공룡들을 보았어요.

그들은 바로 바다에 사는 공룡 플레시오사우루스였어요.

조금 더 알아봐요

쥐라기 (1억 9900만 년 전 ~ 1억 4500만 년 전)
플레시오사우루스는 중생대 중기인 쥐라기 초기에 나타난 육지 파충류의 후손으로 쥐라기 말기에는 엄청난 크기로 성장하였다. 육지에서는 소철류·침엽수·이끼류·양치류가 번성하였고, 트라이아스기에 살았던 몸이 작은 조상으로부터 진화된 공룡류가 육지를 지배하였다. 쥐라기 말기에는 엄청난 크기의 공룡들이 나타났다.

이름 : 브라키오사우루스 Brachiosaurus
학명 : 팔 도마뱀
시대 : 쥐라기 후기
지역 : 아프리카, 북아메리카
식성 : 초식
크기 : 몸길이 약 25~28m
체중 : 약 40~80t
분류 : 용반목 용각아목 브라키오사우루스 과

목이 너무 길어요
브라키오사우루스

브라키오사우루스는 '팔용' 이라고 불리지요.
다른 공룡과는 달리 뒷다리보다 앞다리가 길어서
꼭 팔이 달린 공룡 같기 때문이에요.

콧구멍

넓고 큰 콧구멍이 눈 위에 있고 후각이 발달하였다. 콧구멍은 소리를 낼 수 있어서 같은 공룡들에게 신호를 보내는 작용도 했다.

이빨

숟가락 모양의 큰 이빨은 억센 나뭇잎을 뜯는 데 사용한 반면 씹기에는 적당하지 않았기 때문에 그냥 삼켜서 먹었다.

다리

앞다리가 뒷다리보다 길고, 발에는 발가락이 다섯 개씩 있었으며, 발 중심이 넓고 컸다.

브라키오사우루스는 목이 기린보다 더 길어서 9미터나 돼요.
몸길이가 28미터나 되고, 키도 16미터에 이른답니다.
그리고 몸무게가 80톤 정도였다니 엄청 크지요.
몸에 비해 머리는 아주 작았지만 커다란 콧구멍이 있어서
냄새를 잘 맡았고, 또 콧구멍을 통해서 체온 조절도 할 수 있었어요.

목

목은 아주 길고 유연하여 상하 좌우로 자유롭게 움직일 수 있었으며, 어깨의 뼈는 비어 있어서 가벼웠다.

꼬리

꼬리는 머리와 평형을 유지하는 기능을 하였으며, 육식 공룡의 공격을 막아 낼 만큼 강력했다.

조금 더 알아봐요

쥐라기 (1억 9900만 년 전 ~ 1억 4500만 년 전)
브라키오사우루스는 중생대 중기인 쥐라기 후기에 살았던 가장 큰 공룡들 중 하나로 백악기 전기까지 번성하였다. 쥐라기에는 거대한 소철류와 침엽수가 하늘 높이 자랐고, 고사리와 속새류가 땅을 뒤덮었다. 최대 크기의 용각류와 최대의 사냥꾼인 수각류가 번성하였고, 공룡을 비롯한 파충류가 하늘과 바다·땅을 지배하였으며, 새의 조상으로 보이는 시조새가 이 시기에 나타났다.

브라키오사우루스는 '정글의 기린' 이라고도 해요.
아무리 높은 나뭇가지라도 긴 목을 뻗으면 안 닿는 곳이 없지요.
막 돋아난 나무의 새순을 제일 좋아했답니다.

브라키오사우루스도 무리를 지어 다녔어요.
1907년 아프리카의 탄자니아에서 완전한 형태의 화석이 발견되어
세상에 알려졌지요.
아프리카뿐만 아니라 미국과 유럽에서도 살았다고 해요.

나쁜 육식 공룡이
아기 공룡 쪽으로 다가갔어요.

이때 아기 공룡은 아기 브라키오
사우루스와 놀고 있었어요.

육식 공룡이 나타나자,
아기 공룡은 얼른 도망을 갔어요.

그리고 엄마 브라키오사우루스를
데리고 와 나쁜 공룡을 물리쳤어요.

공룡, 더 알고 싶어요 — 공룡이 살던 시대는 언제일까요?

먼 옛날 지구를 지배했던 공룡과 지금 지구를 지배하고 있는 인간 중에서 누가 더 오랜 역사를 가지고 있을까요? 물론 공룡이에요. 공룡은 무려 1억 년이 훨씬 넘는 오랜 기간 동안 지구에 살면서 동물의 왕으로 세상을 지배했어요. 공룡이 살던 시대는 어떤 모습이었는지 알아볼까요?

공룡은 중생대에 살았어요

공룡은 인간보다 훨씬 먼저 이 지구에서 살았어요. 지금으로부터 약 2억 3000만 년 전부터 6500만 년 전까지 살았으니까, 1억 6500만 년 정도 살았던 셈이지요. 지구의 역사는 보통 선캄브리아대, 고생대, 중생대, 신생대로 나뉘어져요. 이 가운데 공룡이 살았던 시대는 '중생대'에 속하는데, 중생대는 또다시 트라이아스기·쥐라기·백악기의 3개의 시기로 나누어지지요. 인류의 역사가 1만 년 정도 되므로 공룡은 그보다 훨씬 오랫동안 지구를 지배한 거예요.

선캄브리아대 : 지구가 태어난 때 ~ 5억 4000만 년 전
고생대 : 5억 4000만 년 전 ~ 2억 5000만 년 전
중생대 : 2억 5000만 년 전 ~ 6500만 년 전
신생대 : 6500만 년 전 ~ 현재

트라이아스기 ; 공룡이 처음 나타났어요

트라이아스기(2억 5000만 년 전 ~ 1억 9900만 년 전)에는 지구의 거의 모든 땅들이 한 덩어리로 붙어 있었어요. 이때는 덥고 건조해서 사막이 많았어요. 식물은 건조한 곳에서도 잘 자라는 고사리나 은행나무가 번성했고, 동물은 어룡과 익룡·악어·바다거북·개구리 등이 살았어요. 공룡은 트라이아스기 말기부터 나타나기 시작해서 점점 그 수가 늘어났지요. 코엘로피시스, 플라테오사우루스, 헤레라사우루스 같은 공룡들이 이 시대에 나타났어요.

플라테오사우루스

디플로도쿠스

쥐라기; 공룡들의 덩치가 커졌어요

쥐라기(1억 9900만 년 전 ~ 1억 4500만 년 전)가 되면서 하나로 붙어 있던 대륙이 서서히 갈라져서 남쪽과 북쪽으로 나뉘었고, 넓은 바다가 생겼어요. 지구는 여전히 더웠지만 습기가 많아져서 사막에도 여러 가지 풀과 나무들이 많아졌지요. 공룡들의 먹이가 되는 양치식물과 관엽식물 들이 쑥쑥 자라고 숲이 우거졌어요. 먹을거리가 풍성해지니까 자연히 공룡들의 종류도 많아지고 덩치도 아주 커지게 됐지요. 디플로도쿠스나 브라키오사우루스처럼 몸집이 큰 초식 공룡이 등장하고, 케라토사우루스나 알로사우루스 같은 육식 공룡도 함께 살았어요. 바다에는 펠로네우스테스 같은 수장룡을 비롯해서 암모나이트나 벨렘나이트·상어·가오리 들이 나타났고, 하늘에는 최초의 새인 시조새가 나타나 활동하기 시작했어요.

백악기; 공룡들의 종류가 많아졌어요

백악기(1억 4500만 년 전 ~ 6500만 년 전)에 들어오면서 지구는 점차 여러 대륙으로 갈라지기 시작해서 백악기가 끝날 무렵에는 오늘날의 지구와 비슷한 모습이 됐어요. 날씨는 더워졌다 추워졌다를 반복하면서 계절이 생겼지요. 그러면서 추위에 약한 식물들은 서서히 사라지고, 꽃이 피는 식물이 등장했어요. 공룡들도 다양하게 진화해서 오리주둥이 공룡이나 뿔이 있는 공룡들이 나타났지요. 트리케라톱스, 스피노사우루스, 힙실로포돈처럼 생김새가 특이한 공룡들과 케찰코아틀루스 같은 익룡이 이 시기에 살았답니다. 또 게와 성게, 뱀장어, 모사사우루스 같은 바닷도마뱀을 비롯해서 다양한 어룡과 수장룡이 등장하기도 했어요. 그러나 백악기가 끝나 가면서 공룡들이 갑자기 한꺼번에 사라지고 말았어요. 그 이유에 대해서는 여러 가지 학설이 있는데, 아직도 확실한 이유가 밝혀지지 않은 채 많은 학자들이 계속 연구 중이랍니다.